JN438130

(30호) **그때 그 향기**

살며시 되살아나는 그때 그 향기와 심안에 자리한 풍경
에 나는 한 송이 꽃으로 머물고 싶어라

蕙亭 **박 연 희** 문인화 작가

(100호, 화선지 수묵담채)

꽃바람 나를 스치니 봄은 가까이 은빛 영롱하고 청아한 풍경 눈에 넣어
행복을 꿈꾸며 향기로운 꽃을 피우고 번화한 가지 찬기운 이겨내니
담장에 쉬어갈 봄볕은 아스라이 산자락의 풀빛 물어와 향기에 갇히었네
혜정글/ 봄볕은 담장에 내리고

내 마음의 풍경

세 번째 시집 혜정 박연희

청옥

● ● ● 작가 스케치

소중하고 진실한 삶을 그리며
모든 일을 귀하게 생각해 섬기는 마음
절실하게 행동하려 오늘도 어제도
나를 다듬는 노력을 게을리 하지 않는다

모든 일에 겁내지 말고
꿈을 이룰 수 있는 마음을 키워
언제나 희망을 그리며
단출한 한 끼 식사도
수고한 사람의 정성을 생각하고
따뜻한 마음 진솔함으로
매사에 즐거운 마음으로 살아가자
추억은 퇴색되어도 세월은 바람처럼
흐르는 것이라는 위안으로

맑은 생각으로 세상을 보고
밝은 마음으로 그 자리를 지키자

- 나의 글 비망록 - 에서

戊戌年! 어느덧 내가 태어난 해를 다시 맞이하네

지난 세월 열심히 살 수 있었고 크게 아픈 곳 없으니 감사하는 마음이다. 내게 주어진 모든 것을 소중히 생각하며 나의 소소한 일상과 잔잔한 행복을 그리며 세 번째 시집을 낸다.

2018년 8월에

蕙亭 박연희

차 례

제 1 부 내 마음의 풍경

제 2 부 그대와 함께라면

제3부 내가 사는 날까지

제4부 나의 노래

제5부 내 마음에 부는 바람

제6부 안개꽃 추억

제 1 부

내 마음의 풍경

내 마음의 풍경

긴 겨울 깊이 묻어 둔 수많은 언어
일렁이는 봄빛에 묻어둔 언어의 아우성
봄이 되니 행복을 쌓으려 분주해진다

햇살 고운 오후
흙냄새 가득한 정원을 찾아
봄꽃의 이야기를 풀어가며
맑고 보드라운 시를 쓰고 싶다

바닥에 누워 풀 향 맡으며
꽃샘바람 시샘에도 끄떡없이 개화하는
매화, 진달래, 개나리, 수선화
꽃향기 물어 와 나의 글 집을 만들자
몸은 나른하여 춘곤증을 이기지 못해도
향기로운 이 계절이 좋다

내가 그린 창가에 그리움 달래며
지나는 구름과 바람을 불러들여
나의 연가를 들어달라 재촉하련다
행복한 봄 여자가 되어

꿈꾸는 행복

햇살 환히 드는
숲길을 오르며
꿈꾸는 정원을 그린다

눈에 들어오는 검푸른 나무
발에 밟히는 바삭한 낙엽
힘없이 처진 나뭇가지에
물오른 봄을 느끼고
가파른 산을 오르며
나의 언어를 새긴다

언젠간 꿈이 펼쳐질 때
바람을 마중하는 구름처럼
희망과 설렘으로
환희에 차 있을 것이다

분명, 그날이 올 것이라 숲에 새기며
행복한 마음을 흘려 놓는다

소중한 사랑은

사랑은 따뜻한 언어로 감싸주고
잘못된 생각으로 깊게 파인 상처는
세심한 보살핌으로 함께 치유하는 것

사랑하는 것은
배려와 이해로 보듬는 것이지
아낌없는 사랑을 전하고
따뜻한 관심으로 행복을 만드는 것이지

사랑보다 더 강한 게 없다지만
때론 사랑보다 더 무서운 것도 없지
가녀린 풀꽃처럼 온갖 바람 이겨내며
다음 계절을 기다리는 집념을 배워야겠다

일상을 오감五感으로 잘 기억하며
오늘도 나는 "사랑합니다." 말하고 있어

그리운 그곳으로

내 마음 언저리 맴도는 별빛
분주한 일상 잠시 고개 들어 올려보면
찬란히 반짝이는 행복

내 걸음 움직이는 곳마다 따라와
변함없는 고요함 내려주고
등을 토닥이듯 반짝반짝
먼 곳의 길을 만들어 나를 부르네

곁에 있을 때는 몰랐던 그 세심함
멀어지니 고운 눈매와 미소 떠올라
매화 향 가득한 언어로 네게 달려가니
내 동무 반겨주시게

기다림의 세월
마르지 않을 소원으로 너를 부르노니
흙냄새 가득한 길모퉁이에서
설레는 웃음으로 기다리시게
모든 생각 훌훌 털고 네게 달려가려니

세상에서 가장 기쁜 그림

내 영혼 그대 곁에서
자연과 함께 영원히 변하지 않을
가장 행복한 그림을 그리고 있다

편안한 삶을 그리고자 품었던 소망
힘들고 버거울 때 그대라는 소재에
눈물겹도록 설렜던 기억을
화폭에 들여 놓으니 가슴에서 우러나온
사랑을 옮기는 작업을 한다

그대에게 보여 줄
세상에서 가장 아름다운 선물을 준비하며
사랑스러운 추억을 함께 빚어
변함없을 행복을 담아 빛을 보게 하련다

지금 난 그대에게
가장 아름다운 선물을 준비하며

내 마음

가던 길 멈추어 돌아보니
임의 흔적 눈에 밟혀
맑고 고운 여운
영혼에 닿도록 기원했지요

세상사 별것 아니라지만
살아갈수록 무력한 자신
꿈길인가 헤맬 땐
살아 있는 고마움도 잊곤 합니다

찬바람에 떨어지는 낙엽처럼
내게서 멀어져 가는 시간
알뜰히 써야겠다는 다짐을 하며
내 삶의 행복을 지어 봅니다

숨어든 바람 내 몸을 스치니
따스한 임의 사랑 떠올라
마음 흔들어 깨우고
임 향한 사랑 잊지 말자 되뇝니다

지금이 좋다

서둘러 찾아오는 초록 계절
짧은 봄은 어디로 가고
어지럽게 출렁이는 봄꽃은
또 어디로 사라졌나

한 계절 가기 전
가슴에 고운 추억 하나
꽃향기에 부치려던 편지는
가슴 속 깊이 별자릴 만들었구나

무성해질 초록 풍경
꽃길을 만들어
맑은 도랑 같은 사람 그리며
민들레처럼 낮은 자리 차지하고
고운 임 오실 날을 기다리련다

날이 새면
새롭게 다가오는 그리움 하나
향 짙은 차 한 잔에 마음 달래며
그 향기에 흠뻑 취하는 지금이 좋다

외롭지 않은 길

내 마음 밭에 들어온
연분홍 꽃잎에
잔잔히 일렁이는 설렘
소복하게 쌓아 보니 사랑꽃 피네

보드라운 봄바람과
유유히 흐르는 하얀 구름
쓸쓸한 등에 내려와 그림자 만드네

사는 동안 사랑하며 살게 하고
만나는 인연마다 기쁨 주는 사람으로
희망을 전하며 시들지 않을
사랑 꽃으로 피어나기를

옷깃을 여미게 하는 바람이 분다
먼 산 풍경을 보며
묵묵히 그날처럼 길을 나선다
자아를 찾아

무관심

창가에 나란히 놓인 올망졸망 화분
며칠 전에는 초록 잎 무성하더니
주인이 어디에 정신 팔렸을까

화분 턱을 베고 누운 시들어버린 화초
어젯밤 서둘러 물을 주고 아침에 보니
신기하게 일어선 작은 정원 가족

인간이든 식물이든
잠시의 무관심에도 힘없이 스러진다는 것
지금에 아는 것은 아니지만
시간이 흐르면 다시 반복되는 무관심이겠지?

용기 있는 나

사랑합니다
붉은 낙엽 닮은 당신에게
사랑합니다
바람에 흔들리는 들꽃처럼
사랑합니다
뭉게구름 사이로 비치는 햇살처럼
사랑합니다
밤하늘 총총 빛나는 작은 별을 바라보며
사랑합니다
조용한 숲길을 들어서며 행복한 마음으로
사랑합니다
환한 미소 떠올리며 위로하듯
사랑합니다

늦은 재회

당신이 건네는 짧은 안부 한마디
세심한 그 성격 훈훈한 마음
그래요, 우리가 이 세상에 존재하는 한
버거운 상념 어깨에 메고
숱한 세월 이겨 여기까지 왔네요

할 말은 셀 수 없도록 많지만
비로소 당신 손을 잡으니
많은 세월 거쳐 다시 보는
첫사랑 연인의 서러움처럼
당신 따스한 마음에 행복합니다

맑고 향기로운 세월을 가꾸어
아낌없는 사랑을 전하려니
하늘을 날아오르는 새처럼
가벼운 마음입니다

남은 세월 시들지 않는 고운 꽃이 되게
마음을 열어 따뜻한 당신 손을 잡습니다

소중한 하루

어제의 노곤함을 오늘에 맡겨
용기 있게 열심히 살고 나니
벌써 하루가 짧은 듯 지나고

오늘이란 시간에 내가 있듯
내일은 더 나은 희망이 있기에
무엇과도 바꿀 수 없는 소중한 하루였다

보드라운 햇살을 안고 아침을 열어
까칠한 꽃샘바람 심했지만
함께한 인연 있기에 따뜻한 시간이었다

마음을 이어주는 훈훈한 안부
소중하게 가슴에 담아
내게 맞추는 지혜로운 감성으로
고단했던 오늘도 내일을 꿈꾸며 마무리한다

때론 너처럼

숲에 쉬었다 바람에 밀려나는
구름의 자리는 흔적이 없다
스친 바람에 잠시 흔들릴 뿐

아침이면
변함없이 눈부신 햇살 떠올라
이슬에 젖은 숲 말리고
움직이는 생명은
분주히 새날을 맞이한다

저녁이 되면
까만 어둠 슬그머니 내려와
고독한 바람 함께하자 조르고
먼 하늘의 별빛도 덩달아 달려와
외로운 밤을 함께한다

아, 마음으로 느껴지는 힘
살아 있으므로 행복한 세상이네

나의 소임

삶이 다하는 날까지 기다리며
손꼽는 것은 맑은 마음의 사랑입니다

흐드러지게 핀 들꽃처럼 예쁜 풍경 만들고
자연 닮은 삶 복되게 사랑으로 가꾸렵니다

가을의 결실처럼 나의 감성을 다듬어
행복으로 구워낸 사랑으로 살겠습니다

내가 가꾸는 일상놀음 행복한 사랑
나를 잃어버리지 않도록
이해하며 기다리는 행복으로
나의 소임을 다할 것입니다.

행복

하얀 구름 닮은 이팝나무 꽃이
봄바람에 출렁인다

오월 붉은 장미 위에
너울대며 뽐내는 노랑나비
분주히 오가는구나

아름다운 오월을 바라보다
눈부신 햇살에 실려 온
행복이란 기억을 안고
어디든 길을 나서고 싶다

넓은 하늘 아래 지금 나는
먼 훗날 되돌아볼 이야기 남기며
달달한 기억 하나 저장한다

행복과 사랑이 숨바꼭질하여요

당신이 내게 안겨준 마음의 향기
굳어버린 가슴에 숨어든 별 하나
잊지 않으려
내 공간에 곱게 그려 놓지요

버거워도 당신 있어 힘이 난다고
절망은 곧 희망을 그리는 것이라고
마음 열어 당신을 부르고
천 개의 소망을 곱게 접어
날마다 감사의 기도를 합니다

아, 사랑하는 그대여
행복과 사랑이 숨바꼭질할 때
설레는 마음으로 기쁨을 만들어 보아요
나 당신 가까이 있을 테니

빛바랜 유년 시절

찔레꽃 하얗게 나풀거리는 언덕을 보니
내 어머니 하얀 머릿수건이 생각나
눈시울 붉히며 하늘을 올려본다

빛바랜 유년시절 생각나
나는 하얀 바람이 되어
자유로운 구름 따라가고 싶어라

싱그런 숲에 가득 채워진 초록 잎
찔레꽃 몽글몽글 어우러져
유년시절 되살아나게 하네

풍성한 숲을 바라보니
마음은 초록으로 물들이고
풀잎과 나뭇잎 사이 예쁜 채색으로
온종일 하얀 꽃 가득 핀 숲을 걷고 싶어라

이런 사람으로 살게 하소서

소박한 삶, 따뜻한 감사 느끼게 하여
겸손으로 나를 낮추고
들고 나는 기회 놓치지 않도록 하시어
오래도록 정다운 사람으로 남게 하소서

내 의지와 상관없이 타인에게 상처를 주었다면
이해와 인내하는 사랑으로 깨닫게 하여
기쁨을 나눌 줄 아는 사람
자성의 노력으로 거짓 없는 삶이게 도우소서

감사가 몸에 배게 하시고 평온한 마음이게 하여
지혜로운 사람으로 기억되게 하시어
내 인생 행복이라 여기게 하소서

제2부

그대와 함께라면

그대와 함께라면

사랑하는 그대와 같은 곳을 바라보며
훈훈한 삶을 만들어 가는 것
때론 무뚝뚝한 말투에 서운한 생각 들지만
오랜 세월 함께하다보니
어느 사이 나도 그처럼 닮아 가는 것

작은 것 하나도 귀하게 여기고
큰 바람보다는 작은 희망도
따뜻한 관심으로 함께 생각 한다면
얼마나 행복한 일상인지

그대와 함께하면 덩달아 설레는 마음
그 하나만으로도 충분한 사랑이어요

아름다운 동행

봄볕 눈부시게 쏟아지는 날
자연을 만나러 길을 떠난다

설레는 마음으로
매화가 만발한 작은 마을에
하나 둘 흩어져 자리를 잡고
화선지에 구도를 잡는다

소나무, 매화, 진달래
바람에 나부끼는 초록 풀
은은한 봄 향까지 화폭에 옮겨지며
멋진 풍경이 들어난다

우리들 손 끝에
봄바람도 소복하게 스며들어
흡족한 구도로 완성 되어가니
욕심 없는 마음 행복한 지금
이 순간을 맘껏 즐기리라

임이 있어 좋아라

푸른 숲이 붉게 물들며 자리를 채우고
조급하게 재촉하던 바람은 햇빛을 모아
꽃잎 떨구어 튼실한 결실을 만들었다

눈이 시리도록 높은 하늘
하얀 구름이 싣고 온 청명한 풍경
정겨운 만남 떠오르게 하고

매인 곳 없이 떠도는 자유로운 구름은
나를 끌어 임을 만나게 하니

어느 먼 훗날
혼자라도 외롭지 않을 먼 길
사랑하는 임이 있어 행복하겠네

옷깃 인연

계절은 바뀌어 단풍으로 흩날리고
아침 햇살은 머리 위에 고스란히
시간은 빠르게 움직여
분주하게 합니다

사랑은 우리가 맺었지만
인연으로 묶였던 것은 하늘의 뜻
그 인연 소중히 보듬어
남은 삶 행복으로 살겠네

멀게만 느끼던 날들
사랑 그 하나만으로 다시 볼 수 있게
추억을 접어 후회 없는 사랑이라
마음에 곱게 접습니다

나를 기억해 주오

어찌 이리 세월이 빠르단 말인가
머리에 소복하게 내린 흰서리
우리도 꽃처럼 아름다운 시절 있었지

고왔던 젊음
들뜬 마음 안개꽃 같았던 시절 지나
당연하듯 당당해진 중년이 되었네

남은 삶 모나지 않은 사람으로
상처를 주지 않는 온화한 언어로
만나는 인연마다 알뜰히 챙겨
한번쯤 기억되는 사람이라면 좋겠지

기억 되고 싶은 한 폭의 풍경처럼
고운 사연 기억으로
이름 없는 들꽃의 애잔한 모습 닮은
나도 그들에게 한 폭의 풍경이고 싶다

정인

같은 하늘 아래 서로 다른 삶을 가꾸어도
바라는 약속이 너와 나 함께라면 좋겠네

앞서가는 마음으로 잘못 판단하지 말고
전하지 못한 마음에 상처가 되지 않도록
기다리고 배려하는 사랑으로 이해하자

이기적인 마음의 주인은 되지 말고
지혜롭고 현명한 판단으로
그려내는 가지런한 약속
폭풍이 몰아쳐도 흩어지지 않도록
소중히 보듬어 평온한 삶을 그리자

상투적인 약속은 가슴에 묻어두고
소유나 집착 따위는 생각지 말고
욕심에 못 이겨 허둥대지 말며
지금에 안도하며 따뜻한 안부를 전하자

너를 생각하는 깊이

차고 넘치는 수 없이 많은 말
세월이 흐를수록
들어주는 지혜가 필요한 나이

가장 기뻤던 때를 떠올려
변함없이 제자리에서
나도 너처럼 살고 있노라 말해야지

나만의 작은 섬에 감성을 모아
답답하지 않을 사랑의 언어로
배려하는 힘을 길러
침묵으로 정당화시키지 말자

옹졸함보다는 따뜻한 언어로
온화한 이해와 믿음과 배려로
너를 안아 나를 알게 하련다

인연

소홀하지 않도록 마음을 나누고
우리의 수만 가지 허점도
다독일 수 있는 나이

날마다 하루같이 위로하고
사랑으로 다가선 사람
기쁠 때도 서러울 때도
작은 힘이라도 서슴지 않고 보태줄
그 사랑 나의 버팀목

지나온 세월만큼
둥글게 무뎌졌을 마음으로 곱게 다루어
원하는 하나의 색으로
하얀 백지에 그대와 나의 풍경 안에
사랑의 정자를 세워 보아요

여보시게 친구

지치고 버거운 마음 서로 다독이며
기쁜 일엔 챙기는 안부 잊지 않고
사려 깊고 변함없는 너

칭찬에 인색함 없이
관심으로 오랜 시간 그대로
봄볕 같은 사람 두둥실 구름 같아라

속마음 뒤집어도 같은 색
진심으로 다듬고 소중히 다루어
평생토록 우리의 향기만 간직하세

마음과 마음 아우러져
풀꽃 같은 잔잔함으로
우리라는 아름다운 단어의 주인
천심으로 알뜰살뜰 물들어 가세

당신은 모르리

당신을 잊지 않겠다고
마음 깊은 자리에 앉혀 놓겠다고
나의 바람이 헛되지 않은
진정한 나를 알리는 것인지 모르겠습니다

그리움을 버려야 한다는 어리석음
사랑하는 내 마음
당신에게 메어 놓으려는 것은 아닌지
훌훌 털어버리지 못하는 것은
당신을 잊기 싫은 내 진심일 것입니다

산책길에 만난 풀꽃이
석양을 기다리는 모양새가 나와 닮은
사무치게 그리운 기다림인 것을 알았습니다
이 모든 것이 사랑하는 방법이라는 것을

하얀 갈대가 되어

너털웃음 잔주름 깊어도
깊은 한숨 땅이 꺼져도
나뒹구는 낙엽을
바라보다 눈물 훔쳐도
그 모든 것이 나와 닮았노라
말하는 너

울지마라 토닥이던 따뜻한 사랑
우리 잘 살았노라 말하고 싶은 너는
하얀 인연으로 내 앞에 서 있네

평온한 숲에 갇힌 나는
마음 메마른 줄 모르고 살았고
혼자서는 할 수 없는
내가 사는 세상의 수많은 경험
나를 돌아볼 틈 없이 뛰다 보니
돌아갈 수 없는 아득히 먼 길
아, 어느 사이
너와 나 하얀 갈대로 마주 하는구나

서로에게 힘이 되는 사람으로

힘겨울 때 서로 기대어
나눠 위로하고 따뜻한 격려로
보듬어 주는 우리였으면 좋겠습니다

마음 나누는데
서로 다른 환경이라도
정다운 바람은 소소한 것일 테니
향기로운 추억을 회상하며
만나는 기억마다
가슴 따뜻한 인연이길 원합니다

고된 삶에 눌려
지쳐 쓰러져 일어나지 못할 때
서로 의지하고 기대어
꿋꿋하게 다시 일어나 노력하는
용기 잃지 않는 사람이면 좋겠습니다

불현듯 큰 슬픔 덮쳐도
제일 먼저 떠올려 달려갈 수 있는 사람으로

마음 든든한 내 사람이길
오래된 약속처럼 우리 살아가길 원합니다

생각만 하여도 미소 짓게 하는 따뜻한 사람
우리 서로 한없는 사랑으로
언제 어디서나 밝은 생각하며
행복한 일상 편안한 삶이 되었으면 좋겠습니다

마지막 사랑

덧없이 흐르는 세월
누군가 사랑하고 싶은 날이 있답니다

위로하고 위안 받으며
행복의 커다란 울타리 만들어
그 안에 갇혀
멀리 보고 싶지 않을 때가 있답니다

가슴에 고운 사연 가득 채우며
건네는 술잔에 진실을 띄워 마시며
지치고 고독할 때 따스한 등에 기대어
마음을 읽어주는 그런 사랑

마음 깊이 들어와 가슴 뛰게 하는 사랑
가장 외로운 상처 지녔어도 어루만져 다독이는
잊히지 않는 그런 사랑이 되고 싶습니다

아름다운 사람

마음의 주인이 되려거든
웃음만 주고 눈물은 조금만 주오
진실한 사랑으로 가슴을 열어주고
많은 기다림은 주지 마오

사랑하여 마음을 뺏거든
서로 위로하고 위안받는 자세와
상념할 수 있는 마음 길러 주오

끝이 보이지 않는 삶의 길
기다릴 줄 아는 사랑으로
나를 낮추고 배려하여
기다릴 줄 아는 미덕으로 손을 잡아보오

지난 기억에 허덕이는 시간을 줄여
남은 삶 밝은 빛을 그리며
마지막 성숙에
온 힘을 들이는 인생을 그려나가세

나의 손을 잡아요

그대여
눈이 오면 눈길을 걷듯
바라보는 그대 앞에 내가 없어도
서걱이는 갈대 사이 숨어든 철새들
질투 나도록 우리 사랑 속삭여 보아요

그대여
높은 산도 외로워 그림자 만들 듯
우리도 외로울 땐 마음을 숨기지 말고
든든하게 서로 불러 보아요

그대여
외로움 견디며 허둥대지 말고
나의 손을 잡고 일어나
먼 곳을 향해 깊은숨 토해 보아요

그대여
잡은 손 놓지 않는 세월
든든한 지원자로 든든한 버팀목으로
우리에게 남은 건강한 세월
외롭지 않도록 가꾸어보아요

그런 마음으로

상처를 주고 위로하지 못한 시간
바라보며 침묵해야 했던 외로운 순간
그 마음이 얼마나 힘겨운 것인지
우린 잘 알고 있지요

그런 마음으로 다시 일어날 수 있다면
자신을 다독이며 힘을 내지요

꺾여버린 나무에 새로운 싹이 올라오듯
아픈 마음에 치유의 꽃이 되어
나의 사랑도 고통 안에서
용기를 얻을 수 있다면 좋겠습니다

맑은 마음으로 세상을 바라보면
서 있는 자리가 세상에서
가장 소중하다 느껴질 것입니다

나를 보게 하소서

어둠에 가려 빛을 외면하던
순서 없는 내 기도는
소리 없이 밝아오는 새벽이면
당신 앞에 무릎 꿇어 나를 보입니다

설레는 하루를 맞이하며
나를 위해 기도하는 사람을 그리고
이 땅의 선한 마음과 함께
따스한 당신 은총에
오늘도 내 남루한 믿음 하나로
의지하는 하룰 열어 봅니다

아름다운 풀꽃이 춤추는 계절
남겨진 상흔 애써 들여다보니
빛을 외면하던 내 기도가
초조한 마음으로 당신께 다가갑니다
오직 당신만이 나를 알기에

제3부
내가 사는 날까지

내가 사는 날까지

떨쳐버리지 못한 것을
마음 밖으로 밀쳐내고

가슴에 남아 아른거린 애석한 것
어느 사이 하얗게 웃으며
하염없이 바라본다

그리움이 가슴을 때리며
고마웠던 일을 떠올리게 하니
뒤늦은 후회 지금이라도 전하고 싶다

숨 가쁘게 살아온 수많은 시간
삶의 용기를 주었던 소중한 기억
감사한 말을 전하지 못한 채 헤어져
오늘도 내일도 그리움 먹고 살아야 하나보다
내가 사는 날까지

나의 삶 충실하게

보잘것없는 약한 마음이지만
매 순간 충실한 사람으로
겸허한 자세로 고개 숙일 수 있도록
스스로 돌아볼 수 있는 힘을 길러
성숙하고 지혜로운 사람이게 노력하자

타인의 상처 넓이를 다독이고
감사의 마음 잊지 않도록
겸손한 행동 늘 몸에 배도록
자신을 다스릴 수 있는 용기를 기르자

나의 삶 나의 인생
너그러운 마음 향기로운 사람으로
훈훈한 삶을 살도록
부지런한 사람이 되어보자

나도 그럴 줄 안다

창 너어 보이는 능선을 바라보다
울컥 눈물지을 줄 알고
빼곡한 숲 그림자 바라보다
뜻 모를 쓸쓸함에
피식! 꺼지는 웃음 지을 줄 안다
내 어머니가 그랬던 것처럼

작은 구름이 큰 구름을 만나
웅장한 구름 떼를 만드는
그 황홀한 행복도 느낄 줄 안다
내 어머니 젊은 날도 그렇게
자신을 다듬고 가꾸셨으리라

아이 이름을 불러 놓고 쓸쓸히 돌아앉아
그들이 곁에 없어도 있는 듯 생각할 줄 안다

내 어머니도 우리가 그리울 땐
나처럼 눈물지으셨을 것을 생각하니
오늘따라 어머니 그리워 혼자 웃는다

어디쯤 왔을까?

고단하진 않아
다만 지칠 뿐이지
속내를 열고나면 텅 빈 동굴 같아
공연한 자신감 사그라들까 봐
다시 마음을 닫아 버리지

잰걸음으로 다가가지 않아도
고갯마루서 기다릴 것을 알기에
내리막에서도 서둘지 않으니
너무 믿는 건 아닐까 근심이지

굽이굽이 아름다운 것
눈에 넣어 내 것을 만들고
가장 높은 곳에 오르거든
외로운 구름 불러들여 쉬어가자 해야지

작은 것 하나도 하찮게 대하지 말고
소소한 일상 귀하게 여겨
들뜨지 않게 다듬어야지
내 삶은 내가 책임져야 하니까

살아온 흔적

오래된 노트에 낙서가 정겹다
살면서 많은 것을 알아가며
부질없는 것을 버리고
새로운 것을 스케치하여
흔들리지 않으려 애쓴 흔적을 보니
살아온 날들의 애틋한 사랑이어라

빼곡하게 쓰인 소소한 얘기
수줍은 여인의 달달한 언어가
가슴을 훈훈하게 하여 웃는다

많은 것을 비우고 채우며 공간을 넓혀도
아쉬움 간직하며 떠올릴 그만의 비밀
지워지지 않길 바라는 소망이 아닐런지

난초의 노래

세월이 흐르는 소리
그리고 향기, 또 너의 노래
얼마나 많은 세월 뒤로하여야
그 소리와 느낌을 알 수 있을까

그 인연 다시 또 떠올리던 그리움은
얼마나 많은 시간이 지나야
아스라이 떠올리며 웃을까

복잡한 생각에 매이지 말며
우울한 기억 뒤로하고
지금의 삶에 충실해야 하겠지

추억이 머무는
난향 은은하게 스민 정자에서
다독이는 쉼터이길 바라며
자분자분 노래를 한다
후회는 조금만!
아름다운 삶을 위하여.

언젠가 나도

비가 내린다
허전한 가슴을 적시듯 비가 내리고
작은 소망을 약속하던
미소가 비에 젖어 안겨 온다

마음에 불을 지르며
몸을 휘감는 바람처럼
울적한 기억이 엄습해
적막한 지금 비가 되어 내린다

행복한 기쁨 보다는 안타까운 현실
꿈을 꾸듯 그렸던 허술한 사랑
혼자서 꿈을 밟아 눈물 흘리듯
촉촉한 비가 내린다

이제는 시간 속에 묻혀
톡톡 꺾이는 추억을 쓸어 모아
답답한 가슴에 꽃을 피우자

살아가는 것은

어떤 날은 잔잔한 호수
어떤 날은 성난 파도

어떤 날은 외로운 꽃이 되어 떨고
어떤 날은 새처럼 즐거이 노래하네

분주한 일상은 하루를 삼켜
석양은 붉게 내리고
나는 어디에 있어야 할지
잠시 길을 잃고 서성이네

살아가는 것은
가파른 언덕을 오르는 것
오늘도 내일도 혼자임을 깨달으며
상념 안으로 미끄러진다

겨울비에 젖은 너는

후두둑!
창문을 두드리는 겨울비
맑고 투명한 빗방울이
창틀에 앉아 나를 바라본다

바람이 훼방을 하니
빗방울 하나씩 눈에서 사라지고
산과 들의 짙은 풍경 돋보이고
쉬지 않고 세상을 적시며
편안한 휴식을 주네

곱게 내리는 하얀 비를 무심히 바라보니
그리움 슬그머니 피어나
그대 향한 글을 쓰게 하고
몸과 마음을 흔들며 추억속으로 파고든다

내가 더 나이 들면

숲이 우거진 야트막한 언덕에
흙냄새 짙은 집 하나 갖고 싶다

새벽이면 이슬을 털며 산책을 하고
숲 향과 흙냄새 맡으며 걷고
글과 그림 소재를 찾아
가슴 따뜻하게 여유를 즐기고 싶다

지나는 길목마다 계절 꽃씨를 뿌려
비밀 길을 가꾸고
쓸쓸한 생각 들면 몰래 숨어들어
마음을 내려놓으며 위안받고 싶다

평범한 꿈이지만
현실과 멀어 우울한 생각이 들어도
생각만으로도 행복할 수 있으니
맑은 생각으로 세상을 보며
남은 삶 정겨운 존재로 나이들어 가자

마음의 짐을 벗어야지

봄비가 차분하게 새벽을 덮고
봄을 재촉하던 바람도 잠시 주춤
오늘 하루도 세찬 바람이 있겠다

고즈넉한 숲길에 들어서니
오지랖 넓은 근심은
아무것도 할 수 없이 두려웠던
그 시간으로 돌아가려 한다

안개가 비와 섞여 내리는 지금
문득 떠오른 고독한 그림자
우두커니 서있다 사라지니
옛 생각에 잠시 초점이 흐트러진다

마음의 짐을 벗어 편안한 생각으로
균형을 잃지 않도록 지친 생각에서 벗어나자
되돌아갈 수 있는 길은 없으니

삶의 표현

글로써 아낌없이
감정 표현하고 싶으나
마음 표현에 인색하니
욕심을 버리지 못한 까닭일까

결실을 위해 꽃을 떨어뜨리는
나무를 닮아야 하는데
마음 가는 대로 표현해야 하는데
마음먹은 대로 살기란 녹록지 않구나

여유로운 마음으로
결실을 위해선 견뎌야 할 이유를
떠올리지 않아도 내 삶을 위로해야 한다

말로써 삶을 표현하고
그림으로 감정을 펼쳐야 하는
사람이라고 감히 말할 수 있어야 한다

작별한 후

준비 없이 보내고
문득 그 자리에 가서 보니
작별의 흔적만 있을 뿐
비워진 자리가 너무 큽니다

조바심 안고 수많은 여운이 남겨진
그 자릴 가보니 여전히 휑한 바람만 불 뿐
아무도 없습니다

정다운 속삭임이 뿌려진 그곳엔
못다 이룬 미련들이
앞다투어 달려들 뿐 그는 없었습니다

청명한 하늘에
도도하게 흘러가는 세월의 흔적
빈손으로 왔다가
빈손으로 떠난다는 옛말을 남기며
내 주위를 스쳐 갑니다

어떤 고뇌

빠르게 지나는 시간은
어둠이 시작되는 숲에 내리는
차가운 겨울바람 같구나

기억은 천근 무게로 나를 지배해
눈을 감아버리고 무수한 기억이
알록달록 길바닥에 나뒹군다

수심 찬 그림자
숲에 조용히 숨어들어
함께하자 나를 흔들고

늙은 나무 위를 지나던
살을 에는 매서운 겨울바람이
머리 풀어 흔들리는 억새를 달래고
꽃이 진 숲에는 새들도 어디를 갔는지
나무 사이에 어둠이 내 발등까지 내려와
쓸쓸하기 그지없구나

내가 머문 자리

하늘은 내게 만족한 삶을 주었고
건강한 몸과 생각할 수 있는 지혜를 주셨지

세상을 볼 수 있는 눈과
생각을 전할 수 있는 입을 주셨는데
마음을 전하는 감성이 있다는 걸
나는 뒤에야 깨달은 거야

사랑을 구별하는 지혜를 배우게 하시고
진솔한 반성을 통하여
용서하는 성숙을 경험케 하셨어

인생은 내게
일어서는 법을 알려 주었지만
걸을 수 있는 용기는
스스로 찾아야 한다고 했어
장애물 많은 세상에서 피해 가는 지혜를
체득해야 하는 걸 잘 몰랐던 거야
세상을 너무 쉽게 보고 덤빈 거지

흰빛 날개처럼

마음 가득 밀려드는 허상
갈망하는 미래에 메이지 말고
언제나 비워내는 마음으로 침묵하며
변함없는 풀꽃 닮은 삶을 꿈꿔야지

하얀빛 날갯짓 바람 끝에
들꽃처럼 아름다운 풍경으로
그대 하얗게 안기어 오면
흰빛 날개로 춤을 추며 곁에 앉겠지

살아가며 맺어지는 숱한 인연
하나씩 풀어 인적 드문 숲길에
들꽃으로 피어나게 가꾸어 보자
피고 지면 그만인 하찮은 꽃은 되지 않도록

내 인생 마침표를

결실의 행복 처음 느낀 그 감동
정겨운 설렘에 긴 시간을
앓고 일어서 고개 돌려 보니
대견한 생각이 들지

밝은 햇살이 어둠을 덮고
기지개를 켜는 조용한 숲
찬바람 끌어안고
앞장서는 세월 닮은 꿈을 꾸지

새벽길 침묵의 숲
아침이면 맑은 바람 가득 들어차
생명을 느끼게 전달하듯
때론 쉬어가는 박자를 꼭 지키자

조급한 일로 마음 졸이지 말고
포기하고 싶은 생각 들면
설렌 지금을 떠올려 내 인생 마침표를
밝고 맑은 마음으로 찍어보자

바람이 분다

바람이 분다
나무에도 길 위에 누운
마른풀 위에도 바람이 분다

하늘에 깔린 구름과 바람도
반가운 듯 뒤엉키어
흩어졌다 다시 모여들며
근사한 양떼구름 만든다

바람이 분다
머리 위로 나뭇잎 하나 툭!
밤새 흔들리며 찢겨진 채
내게 와서 잠이든다

바람이 분다
휑한 가슴속에 졸고있던
아스라한 기억 데려다 놓고
사랑하며 살라고 당부한다

당신 안에 숨 쉬는 기도

햇살처럼 빛나는 당신은
내가 살아가는 희망의 빛
밝고 아름다운 사랑
은혜로운 축복을 주셨지만
실천하지 못한 것 같아
눈을 감아본다

고통스러운 어둠 안에서도
참된 삶을 가르치시고
맑게 살아가는 법 전해주시며
희망을 향해 용기를 주시니
간절한 기도를 드린다

당신의 사랑으로
따뜻하고 배려하며
당신 닮은 사랑 따라가고자
인자하신 당신 눈빛 그리며
오늘도 나를 위한 기도를 드린다

제 4 부

나의 노래

나의 노래

평온한 마음을 그리며
온유한 생각으로 새롭게 다짐하려
허둥대는 마음이 싫었지만
작은 약속 또한 이행 못 하는
내가 밉지만 다시 다짐을 한다

마음을 맑게 정화하여
탁한 생각은 덜어내고
지나온 길을 되돌아보며
스스로 고마운 다독임도 잊지 않는다

먼 훗날
안개꽃 만개한 풍경을 떠올리며
내 삶도 예쁘게 피어나리라 믿는다

내 나이

예전 같으면 노인 나이에 들었을 지금
이젠 중년이라 말하는 나이
할 일이 많아 버겁다고 말하면서
무료한 시간 될까 봐 허둥댑니다

하얀 머릿결 곱다고 말하지만
거울에 비친 모습을 보고나서
눈을 감아 버립니다

세월이 어느 사이 이리 흘렀을까
내심 우울하지만
들키지 않으려 내려앉은 마음
동여매 가슴에 숨깁니다

길에서 만난 풀꽃을 보면
울컥! 그리움 차오르고
숲 향기 몸을 감싸면
옛 기억 떠올라 가슴이 뜨거워지고
하늘에 떠도는 구름을 올려 보면

나도 모르게 눈물이 나네요
마음은 젊은 시절 그대로인가
스스로 위안하는 허전한 마음입니다

추억이 떠올라

따스한 햇볕이 머리 위로 내리고
담장에 기대선
목백일홍 벙글어 나를 반가네

꽃잎이 팔랑이며
나를 끌어당겨 안부를 물으니
그대에게 우리 사랑 기원하며
만개한 이 꽃 한 아름 보내고
꽃길을 오순도순
정담을 나누며 걸어보고 싶소

꽃무리 동산에 멈추어 추억 들추고
그대 향기 꽃바람에 가슴을 간질이니
설레는 마음 붉게 물든 꽃송이 같구려
눈 감고 그 날을 떠올리며
달달한 행복 히니 지어봅니나

아침 해를 기다리며

날이 밝기 전 어두운 창밖
하늘이 밝아지며 조금씩 걷히는 어둠
눈에 가려진 흐릿함도 더불어 걷어진다

하늘엔 나풀나풀
여인의 옷자락 닮은 실구름
하늘에 깔려 서로 몰라라 떠다니고
저 산 너머 지금쯤
따뜻한 아침 해가 환하게 비추겠지

높은 산 힘겹게 넘어올 해님을 기다리며
향 짙은 차 한 잔으로 여유를 즐긴다

나만의 공간

소중한 추억이
사그락사그락 내게 느낌을 주고
들판에 어여쁜 꽃들
앙상한 가지에 놀던 이름 모를 새
산 위에 걸린 하얀 달님
빼곡한 숲 조용히 숨어든 바람
그 모든 것이 떠오른 지금
나는 구름을 부르고 바람을 데려와
따뜻한 공간에 불을 지핀다

오가는 바람의 쉼터가 되듯
내가 머물고 앉은 자리에
지루하지 않을 일상을 꿈꾸며
키 작은 풀꽃도
나의 공간으로 살며시 불러들인다

뜻밖의 폭설이 와도
사방이 눈밭에 발이 묶여도
영롱한 얼음 꽃을 보고 감탄하며
이 순간을 놓치지 말자

내 삶의 주인으로

수많은 사람과 만나고 헤어지며
축복을 빌어주며 행복을 전하고
좋은 인연 튼실한 지원자로
넘어졌을 때 달려가 일으켜 주는
정직한 나로 변함없이 살아가자

나이 들어가며 성급한 편견을 버린다
근심은 접어 겸허하고 여유로운 마음으로
기쁘게 다가올 시간을 새롭게 맞이하자

내가 알고 있는 것은 나눠 쓰며
좋은 사람, 따뜻한 사람으로
내 삶의 주인이 되어
은빛 영롱한 삶을 가꾸어가자

노을 끝에 달린 기억

서산에 지는 노을은
무얼 그리 가득 담았기에
수줍은 듯 숨어드나

지는 노을 하염없이 바라보다
이내 깊은 호흡에
애잔한 가슴은 달랠 길 없어
안타까운 마음만 분주하구나

후회 없을 인생사
뜨고 지는 노을처럼
기약 없는 기억은 뒤돌아보지 않고
숨어드는 노을 끝자락에 감추어지는구나
오늘 하루 소소한 일상
행복하게 살았노라 다독인다

조금은 헐렁하게

내가 머문 작은 공간
소소한 행복이 향기를 뿜어내며
유혹하는 지금이 좋다

어느 향을 담아내나 고민하다
거울에 비친 엉클어진 내 모습
서둘러 빗질하며 웃었다

어수선한 생각은 접고
헐렁한 옷을 입고
흐트러진 모습으로 나를 보자

꾸미지 않는 모습에서 진실이 묻어나고
가꾸지 않은 글에서 진실이 스며있듯
가장 솔직한 나를 표현하려 애를 쓰자
가득 차 있는 욕심을 덜어내야
진실한 행복을 만들 테니

마음먹은 대로

마음이 편하도록 꽃을 생각하니
눈이 마주치는 곳마다 꽃 천지다

길가에 나뒹구는 낙엽도 꽃잎이요
뒷산에 푸른 소나무도 꽃이요
건너서 보이는 은빛 물결 저수지도
안개꽃이 출렁이듯 보이고

울긋불긋 산을 오르는
사람들의 화려한 모습도
엄마 손을 잡고 걸어가는
아이 옷의 꽃무늬도
온통 흔들리는 꽃으로 보인다

울적한 마음으로 풍경을 본다면
눈에 보이는 것은 우울하게 보이겠지
모든 것은 생각하기 나름
긍정적인 생각으로 나를 대하고
밝고 능동적으로 오늘 하루 즐겁게 보내자

거울에 비친 나

살아 온 세월만큼
얼굴에 잡티가 피어 우울하게 하니
아직은 나이 든다는 것을
부정하고 싶은가봐

젊은 아이들 쳐다보다
내 모습 바라보며 움찔!
큰맘 먹고
내 살에 피어났던 꽃을 제거하니
뭔가 잃어버린 듯 허둥허둥

사람의 마음이란 간사한 게야
욕심을 버리지 못한 생각은
지금도 거침없이 자라고 있다

햇살 고운 겨울 주말
거울에 비친 나를 바라보다 피식!

여행자처럼

모든 일에 능동적이질 못 해
겁날 때가 많아도
마음 기댈 곳 있어 용기를 낸다

살아가는 의미가 희망이고
움직이는 자체가 용기라고
좋은 생각과 따뜻한 언어
세심한 관심이 살게 하는 사랑
행복의 시간을 귀히 여기며
기쁨의 내일 기다린다

등 떠미는 시간을 잊어버리고
다가올 시간에 나를 맞추어
무작정 떠나는 여행자처럼
준비 없이 보낸 하루
저녁노을 이고 걸터앉았다

연서

싱그러운 숲에 들어서니
늘어진 가지마다 무겁게 달린
초록 잎 가족

나뭇가지 사이로 파란 하늘이
햇빛을 안고 와 흘리고 간다
키 작은 꽃도 대롱대롱 열매를 맺어
흔들리며 햇빛을 받으려 분주하다

나는, 나무에 기대어
행복한 사랑 하나
하늘 향해 그려 놓고
태연히 숲을 빠져나온다

오늘도 나는
그 무언가를 찾으며
지루한 삶의 귀퉁이를 만지작거린다
마음에 쌓아 둘 배경을…

나를 돌아봐

울긋불긋 영롱한 풍경이다
어제와 오늘이 다른 자연의 분주함
굳이 가까이 가지 않아도
어느 사이 곁에 와있는 설렘

분홍빛 웃음으로 뽐내는 처자들
나지막한 언덕에 소복하게 쌓인 봄꽃
눈과 마음에 가득 담아본다

담장을 넘나드는 연록 잎 버드나무는
싱그러운 바람과 달콤한 사랑에 빠지고
머리 위를 지나던 구름이 흩어지니
소리 없이 내려지는 붉은 꽃 하나
가던 길 멈추고 다시 돌아본다
오래오래 그곳에 서 있었다

사색하며 걸어 보았는지

나뭇가지에 달린
초록 잎이 하늘을 가리고
마지막 남은 꽃을 떨구며
내년을 약속하는 걸 보았는지

양지바른 언덕에 거만하게 뻗은
대나무 이파리 바스락바스락
도시를 내려다보는 걸 아는지

해 질 녘 산 중턱에 앉아
시든 꽃잎과 새로 나온 잎을 보았는지
숲에 피어있는 산꽃은 행복한 흔들림이고
길에 핀 풀꽃은 매연으로 절망적인 걸 아는지

지친 일상 힘이 되는 한 마디
가슴에 묻어두고 힘겨울 때 꺼내보면
마음에 에너지가 되는 걸 아는지
나도 그 나이가 되었나 보다

숲에 앉아

계절마다 다른 풍경을 주는 자연
늘 새롭게 눈과 마음에 채워
행복과 사랑의 말을 그려 봅니다

가슴 따뜻한 언어로 그림을 채우고
정다운 단어로 사랑을 속삭이며
자신을 타이르는 채찍도 하여봅니다

빼곡한 숲에 앉으면
모든 근심은 바람에 씻겨
또 다른 훈훈한 마음으로
행복의 소재를 찾아
자연과 하나 되어 속삭입니다

오늘도 나는 작은 기도를 품고
아름다운 숲 가족이 되어
평온한 노래로 흥얼거립니다

낯선 곳에서

바다내음 물씬 풍기는
아담한 곳에서 여정을 풀어 놓으니
갖가지 여행 소품이 쏟아져
지친 몸을 다독이며
낮 동안 즐거웠던 행복을 떠올린다

그늘 진 골목에 짙은 어둠이 내리니
낮에 보았던 아름다운 바다는
선명한 기억으로 내 귀를 간지른다

날이 밝으면 또 다른 풍경을 찾아
짐을 챙겨 나설 테고
분주한 마음은 오랜 시간 추억으로
선명한 자료를 저장하려 애를 쓰겠지
여행은 충분한 에너지가 보충되어
또다시 신 나게 살아가는 귀한 행복이다

오늘 하루도 무사히

오늘 하루도 무사히
저무는 해를 바라봅니다

지나는 길목마다
흔적이 남을세라 털어내는 시간
하고 싶은 말은 쌓여가며
가슴은 맑은 물을 갈망합니다

많은 사람을 만나고 헤어지며
그 안에서 삶의 지혜를 깨닫고
향기로운 행복을 그리며
함께 가야 할 소망을 담아 봅니다

고갈된 마음에 훈훈한 정겨움이 스며
사랑하는 마음 스스로 들여다볼 수 있게
현실에 충실한 사람으로
분주한 나의 일상의 문을 닫으려 합니다

제5부

내 마음에 부는 바람

내 마음에 부는 바람

보고 싶은 마음
어찌 글이나 말로서 표현하리오

향 짙은 커피 한 잔을 두고
너그러워지듯 사모하는 마음
내 손끝으로 표현할 수 있다면
가슴 따뜻한 행복에 기대어 볼 텐데

네 모습이 가슴을 차고 올라오면
나는 허물어진 둑에 서 있듯
모든 감각을 잃어버린 나약한 사람 되어
떨어지는 꽃처럼 처량할 테지

보고 싶은 마음
그 어떤 것에 비교하리
머지않아 만날 것을 알기에
오랜 침묵 뒤의 희망처럼
달달한 그리움이라 생각하고 싶다

꽃이 피고 떨어져도

청매화 언덕에 외롭게 피던 날
당신이 그리워 길을 나섰고
굵은 빗줄기 떨어질 때
당신 생각하며 한없이 울었네

내 마음 차지하는 당신을
처음 보내는 건 아닌데
이별할 때마다 가슴이 아픈 건
그댈 사랑하지 않는가 했습니다

당신이 내 가슴에 자리하고 있기에
나의 정원에 날 닮은 꽃씨를 뿌렸지요
꽃이 피면 맘껏 웃어 보려고
꽃잎 지면 마음껏 불러 보렵니다

날마다 다져도 무디지 않은 그리움
당신을 사랑하기 때문입니다

나의 작은 나무

한 그루 나무를 가슴에 품고
삶의 테를 역류하여
비켜 갈 수 없는 운명은
무성한 고목이 되었구나

빠른 세월은 거침없이 흐르고
그리움과 기다림이 한데 엉키어
돌보지 않아도 가지를 뻗고
추억 자릴 만들고 있구나

내게 심어진 넌
가질 수 없다는 걸 알기에
지금도 난 보내는 연습을 게을리 않고
남은 삶 네 그늘을 그리며 살아야겠지
나를 지켜주는 네가 있을 테니

그리움

하얀 눈이 쌓였는가
함박눈이 펑펑 내릴까
칼바람 가슴을 에는가
그대 머문 곳의 풍경 궁금하구려

번잡한 세상
진실 하나로 살아가기란
쉬운 일이 아닐진대
모든 걸 놓아버린 사람처럼
살아가는 내가 되고 싶구려

하얀 눈이 쌓였는가
함박눈이 펑펑 내릴까
그대 두고 온 그곳에도
종종걸음 치게 하던 추위가 있을까
그리운 마음 한달음에
내 가슴에 들어와 자리를 만듭니다

그대 향한 그리움

지친 일상 분주했던 시간
습관처럼 손에 쥔 커피의
짙은 향기로 달래봅니다

흔들리는 불안한 일상도
기뻐하고 행복해하니
내 안에 있는
그대 향한 그리움입니다

참된 그리움 되도록
섬세한 사랑 그리며
그대의 마음을 느끼는
지금이 행복합니다

흐린 날은 맑은 마음을 그리고
맑은 날은 흐린 마음이 싫어
나를 위한 노래를 합니다
그대 향한 그리움을 녹여서

사향

안개 내려온 산허리
문살로 보이던 고향 산 닮아
어느 사이 그리움에 빠지네

붉은 흙길, 맑은 개울 옆
흐드러지게 올라오는 손톱만 한 꽃
콩꽃이라 불리던 개망초

개울 따라 내려가면
구름다리의 천길 같던 높이는
어린 눈에는 공포였고
푸른 들판 목줄에 매달려 풀을 뜯던
슬픈 눈을 가진 엄마소와 송아지
평화로운 모습은 행복한 감성을 담게 했지

양지바른 논둑에 기대어
하늘을 올려보면 눈부신 햇살
나를 키우며 반겼고
저녁노을 붉게 물든 초가집 굴뚝은

뭉게구름 그리며 올라가는
밥 짓는 어머니 사랑이지

나만의 세계를 그리며 뛰놀던 그곳이 생각나
눈을 뜨지 못한 지금 호젓하다오

내가 살아가는 또 다른 이유

쏟아지는 소나기 창문에 부딪히고
나뭇가지에 앉아있던 새들이
파닥이며 어디론가 사라진다

창문을 열어 하늘을 보니
잿빛 먹구름 가득
바람이 스친다 먹구름 잠재울
소나기가 쏟아진다

간절한 그리움이 마음을 흔든다
가슴에 잠시 쉬어가자 어루만진다
너를 만나듯 다독다독

훈훈하게 했던 그리운 순간들
내가 살아가는 또 다른 이유가 되었다
내 일상이 진한 그리움으로

붉은 열정

자연이 빚어놓은
진한 향기의 꽃송이가
후끈 달아 환한 햇살 사이로
눈부시게 다가옵니다

밤새 접어놓은 그리움도
차마 내달리지 못하는
마음도 밀어내며
눈부신 행복이라
송골송골 맺힌 꽃송이가
내지른 진한 향기 같습니다

오래 기다리지 않겠습니다
오래 머물지 않겠습니다
당신이 지치지 않도록
마지막 힘을 다해
맘껏 향기를 피워 보겠습니다

보고 싶다

너를 생각하면 가슴이 설레고
마음은 자꾸 네게 미끄러져
허탈한 웃음으로 뛰는 심장

나의 공간에 널 그리기 전
앞장서는 마음
찬바람에 흩어지는 구름 같아라

네 이름 꾹꾹 눌러 쓰고 나니
분홍빛 물든 마음
허공에 퍼지며 날 간질인다

보고 싶다 보고 싶다
이렇듯 추운 날은 더욱

비밀

찬 공기가 내 손에 닿으니
물안개 자욱했던
그 바닷가 그리워진다

축축한 바닷길에 남겨놓고 온
애처로운 그림자
지금도 그곳에서 서성이겠지

좋아하는 계절이 다가오니
겁이 난다
그날이 떠올라 서러울까 봐
많이 미안해서 부를까 봐

오늘도 나는
꾹꾹 눌러쓴 편지를
부치지 못한 채 내 창고에
깊이 숨겨놓는다
미안하고 사랑해서 말이지

널 그리는 마음으로

널 그린다는 것은
석양에 걸린 구름의 쓸쓸한 이별처럼
아직은 보낼 준비에 미숙한 마음이지

널 그려 보는 지금
내 눈에 들어오지 못한
구름에 가린 별처럼 보이진 않지만
산길에 홀로 핀 그리운 풀꽃 같아
내 안에 자리한 그리움이지

널 그리는 마음
시시때때로 불어오는 바람을
서로 부둥켜안은 채 비벼대며
흰머리 풀어헤쳐 사랑을 노래하는
억새 사이에 드나드는 행복이지

들꽃을 바라보다

들꽃을 바라보다
울컥 차고 올라오는 기억
소리 내어 울고 싶어도
감당 못 할 버거움에
내내 앓고 있어야겠다

마음의 환희 열어주는
가녀린 꽃 한 송이
한 올 한 올 무늬가 새겨진
꽃잎 사이로
나를 위로하듯 반기네

비 오는 날이면 진종일 비를 맞고
바람 부니 스며 내린 그리움에
들꽃을 바라보다 눈시울 붉어져
지난 세월 돌아보며
쓸쓸한 흔적에 서 있는 나를 본다

망향

봄비 온 뒤
짙게 깔린 안개를 보니
내 어릴 적 놀던 곳
고향의 아침 들녘 생각나네

내가 자란 평온한 작은 시골마을
황토길 뛰어 다니던 그리운 그곳엔
지금도 날 기다리는 그리움이 있을까

봄비에 촉촉하게 젖은 아침
아득히 떠오른 그 하늘 생각나
짐짓 눈물이 흐르고
안개 사이로 밝아오는 이른 시간
홀로 그윽한 그리움에 빠지네

비 오는 날이면

봄비가 회색 하늘에서
끊임없이 내린다

비 오는 날이면
이유 없이 울적해지는 심사
이른 시간 하늘을 올려보며
땅을 향해 쏟아지는 비에
잠시 생각에 잠긴다

비 오는 날이면
아침부터 기다려지는 반가운 소식
기다리는 마음은 이미 부재중

비가 오니 네가 그리워
마음에 맺힌 간절함
행복한 소원 되어 너에게 보내련다

언제나 그 자리에

가슴을 차고 올라오는 그리움
첫 마음 전하며 변함없을 약속
겁 없이 내어주던 날
그 처음도 언제던가 아련하다

믿음 하나로 같은 자리에 서 있지만
지나는 세월에 추억은 퇴색되어가고

한 줌 바람 같은 세상
버겁다고 넋두리를 하지만
쉬지 않고 흐르는 세월에
흔들리는 마음 위로받으며

누구보다 열심히 살았노라
말할 수 있다는 자부심은
내심 용기를 주니 위인이 된나
변함없는 그리움이 있기에

이날이 다시 오거든

눈부신 가을볕이 따갑게 등에 내려
제주의 하늘을 머리에 이고
아름다운 풍경이 한곳에 모여
벅차기만 하니 아름다운 그대의
달달한 속내를 보는 듯하오

햇살 환히 드는 제주의
길에서 만난 이 소릴 들어보오
억새와 바람이 속삭이는 노래를
풍경은 눈에 넣고
소리는 가슴에 차곡차곡 쌓아
힘들고 외로울 때
조금씩 꺼내 보려 하오

그대여
서걱이며 머리 풀어 흔들리던
억새의 서글픈 이 날을 잊지 마오
눈과 가슴에 넣어두고
먼 훗날 그대와 함께 기억하며
노래하고 싶으오

(제주 샛별 오름을 바라보며)

너는 어느 하늘 아래 사는지

이른 시간
어디서 날아왔나 이름 모를 새
봄마중하러 왔나
고운 임 소식 물고 왔을까

황급히 창문을 여니
분주히 나뭇가지 사이를 넘나들며
큰일이라도 있는 듯 바삐 움직이는구나

남쪽 담장에 개나리 피고
정원에 매화가 벙글고 있는데
너는 어느 하늘 아래서 열심히 사는지
문득 고갤 드는 그리움

사랑은 봄바람 같은 것
더도 말고 덜도 말고
지금만큼의 마음 깊이에 머물러보자

몹쓸 기억

투박한 뚝배기에 모락모락 하얀 김
얼어붙은 몸을 녹여주는
따끈한 국밥 한 그릇 감싸 안으니
그 어떤 것도 부럽지 않네

여행 후 노곤한 몸을 녹이려
한 숟갈 입에 넣으니
뜨거운 추억 울컥울컥 가슴을 후비고
시야를 가리는 슬픈 기억 떠올라
창밖을 지나는 겨울바람 불러들여
그 기억 지워 볼까 당부해 보네

지운다고 지워지랴
잊는다고 잊히랴
몹쓸 기억 못난 추억

식어버린 국밥 물끄러미 바라보다
살며시 자릴 뜬다

당신이 그리운 날입니다

지난밤 꿈에 안개를 헤치며 찾아오신
어머니 모습에 놀라
사라진 그림자 찾아
고향 길을 밤새 헤맸습니다

무슨 말씀을 하고 싶었을까
말없이 사라진 어머니 모습을 그리며
한동안 정신 잃은 사람처럼
멍하니 하늘만 올려봅니다

아버지, 어머니 보고 싶습니다
영원한 작별을 고하던 모습에
가슴이 다시 미어지듯 쓰라려 오고
퇴색되어 가는 기억은
지금도 나를 감싼 채 달아납니다

천상에서 우릴 내려보시는지요
그리움에 눈물짓는 날이 많아집니다

세상에 태어나 감사한 마음
그 흔한 사랑한단 말
못 한 저는 서럽게 가슴에
남는다는 것을 왜 몰랐을까요

사랑합니다
그립습니다
두 분 모습 하늘에 그리며
남은 삶 용기 있게 살며
성실한 삶을 가꾸고 착히 살며
충실한 인생 언제나 노력하며 살겠습니다

* 두 분이 그리운 무술년 어버이날에.

고백성사

고통을 대신하신 당신 앞에
용서하는 마음 인색한
저는 고해합니다

감사하고 미안한 마음보다
편안한 삶에 길든 사람으로
교만이 자라고 이기적인 생각으로
제 뜰에 잡초만 키웠습니다

타인의 아픔이
내 상처가 될 수도 있다는 것을 모르고
돌아보지 못한
어리석은 마음 꾸짖어 주십시오

사랑을 전하시라 명하시며
이해하고 배려하라는 말씀
놓치지 않으려 기도드립니다

고통을 참아내시는 당신 앞에
어떤 일이 닥쳐도 당황하지 않고
묵묵히 살아갈 것을
당신 앞에 몸을 숙여 고해합니다
당신, 사랑하는 마음 전하며

* 사순절을 맞으며.

꽃길을 걸으며

봄비가 길 위에 뒹구는
꽃잎을 적시는 오후
스산한 바람을 따라
무작정 길을 걸었다

어느 유명 작가의 그림 같은
비에 젖은 꽃잎을 보며
몽환적 풍경 그 길에 멈추었지

꽃바람이 내 몸을 휘감고
산허리를 감싼 운무는
그리운 정적과 같아
내 가슴에 차갑게 파고든다

사모하는 마음은 차분히 봄비에 젖고
삶의 틈새에 끼어든 두서없는 상념은
분명한 이유를 잃은 채 서성인다
처연히 떨어지는 빗방울처럼

제 6 부

안개꽃 추억

안개꽃 추억

바람 불면 날아갈 듯
비라도 올라치면 우수수 떨어질 듯
밤이면 소복이 다시 피어나는 듯
새벽이면 안개와 함께 탐스럽게 피었네

혼자서는 제대로 서 있을 수도 없는 듯
만지기도 조심스런 가녀린 너는
소복소복 어우러진 형상이
나를 설레게 하는구나

내가 힘들어 허덕일 때마다
한 아름 너를 안고 싶었던 작은 바람
젊은 날의 인연이 너와 닮아서
우리의 푸른 젊음을 떠오르게 해서
안개꽃 연가를 부르고 있구나

봄이 되면

봄은 부지런히 찾아온다
언제나 변함없이 찾아와
아름다운 풍경은 선물이다

화사한 능선에 햇살 내리니
겨우내 웅크린 여린 나뭇가지
따스한 햇볕에 연둣빛 숨을 쉬고
길섶에 외롭게 크는 들꽃은
바람에 숨어든 꽃씨를 마중해
살가운 봄과 함께 새싹을 틔우며
작은 정원 만들지

해마다 돌아오는 봄에는
보드라운 꿈을 키우고
새롭게 피어나고 싶은
맑은 마음을 꿈꾼다

봄의 소묘

산허리까지 내려온 안개
회색으로 짙어진 하늘
거센 바람과 함께 오는 봄은
겨울을 쓸어내린다

산 중턱 들판 길
산수유 터지는 소리
노란 가지 위에 걸터앉은 매화
불그스레 사랑을 고백하네

아기자기 풀꽃 다투며
제자리서 기지개
길 건너 마을 담장에
몽글몽글 솟아난 목련
부끄럽게 속살을 보이고

낮게 내리던 봄 햇살이
활짝 핀 꽃잎과 긴 입맞춤
가슴 뜨거웠던 추억이 살아나네

봄이 오면

봄이 오면 고운 향기로 피어나는
물오른 나무 곁에서 봄맞이하자

감사한 일상
겨우내 준비한 봄맞이
나무와 함께 기지개를 켜듯
향긋한 봄을 맞이하자

녹색 봄이 되면
굳어 버린 언어를 해독하여
행복하고 사랑스러운 글을 쓰는
시인이 되어보자

봄이 오면 은빛
날개를 달고 자유로운 영혼으로
나이 쉼터에 봄 향기 가득한
따스하고 정다운 사람으로 봄맞이하자

봄의 향연

포근한 봄빛에 고귀하게 피어났던 목련
가녀린 나뭇가지에 올라오는
연둣빛 새싹 앞다투어 기지개를 켤 때
작은 알갱이 꽃 산수유도
봄빛 따라 애교를 부리는 지금이 좋다

약속인 듯 찾아오는 계절
아름다운 풍경에 눈을 감고
내 마음에 꽃을 피우니
살며시 되살아나는 그때 그 향기
심안心眼에 자리한 그 풍경
어느 사이 나는
한 송이 꽃이 되어 그곳에 서 있네

봄은 마음 가득

인적이 뜸한 숲에 앉아
눈앞에 펼쳐진 도시를 보고
산기슭에서 물들어 오는
초록빛 풍경에 마음을 뺏긴다

앙상한 가지에 물이 오르고
향긋한 바람 나를 간지를 때
내달리지 못하는 마음
쓸쓸히 밀어내는 애잔한 그리움
가슴 적시며 맘껏 외쳐보리다

이 봄을 안고
순한 봄볕에 기대어
혼자서 부르는 노래에 취해
거침 숨을 몰아쉰다

언덕에 앉아

고즈넉한 숲에 앉아
화사한 진달래
그리고 매화의 청초한 모습을 보며
나의 손놀림은 분주히!

파란 하늘
어느 사이 눈에 잡히고
손에 닿을 듯 안겨오는 들녘
때맞춰 지나는 하늘길 흔적
흰 선을 그리며 영역을 남기고
아직은 차가운 바람이지만
가슴이 트이고 여유로워 좋다

봄볕이 톡톡! 등에 안기어 물들고
하얀 여백에 가득 들어찬 풍경
오래도록 봄 향 스미도록
나의 정원을 꾸민다

녹청 빛 오월

파란 하늘에 뭉개구름 자유로이 노닐고
은빛 물결 잔잔히 출렁이는 저수지에
녹청 빛 여름이 젖어 든다

짙푸른 숲에 작은 꿈이 살며시 드리운 한낮
바람에 흔들리는 하얀 데이지 꽃을 보니
문득 쓸쓸한 외로움이 사치스럽게 안겨 오고
오랜 기억 안에 소소한 추억 그 향수에
눈시울 붉어져 하늘을 올려보며 깊은숨을 토한다

숲길을 내려와 정돈된 들녘을 보니
오랜 기억은 바람처럼 일어나
비싼 향수보다 좋은 풀빛 향이 코끝을 자극한다

싱그러운 오월도
어느 길섶에 흔적 하나 떨어뜨리고 지나겠지
나도, 소중한 시금을 잃어버리지 않게
훗날 외롭고 쓸쓸할 때 위로하며 기억하자
녹청 빛 닮은 글을 짓고
녹청 빛 스민 그림을 그리자고

소매물도 가을 스케치

검푸른 바다를 가로질러 수십 개의
작은 섬과 이어진 아름다운 등대섬
푸른 하늘을 이고 통영을 마주 보는
작은 섬 소매물도에 첫발을 딛는다

오르막길에 숨이 멎을 듯 따라 붙는 가쁜 호흡
추억을 만들기 위해 참아 낸 성취감
작은 섬이 만들어 낸 숱한 바다 이야기를
놓치지 않으려 분주히 눈과 마음에 기억한다

마주 보는 길목마다 가을꽃이
바닷바람을 반기며 흔들리고
몰아쉬는 호흡마다
살가운 바다 향기는 기운 나게 한다

예쁜 추억을 그리며 이곳을
한순간도 놓치지 않으려 분주히 저장했지
두 개의 섬이 마주한 소매물도 등대섬을

한 송이 연꽃으로

하늘을 이고 겸손하게 피는 꽃
정갈하고 고귀한 품위로
세상을 향해 내민 꽃잎
만나는 눈빛마다
평온한 마음 들게 한다

겹겹의 우산 같은 잎사귀 사이에
온화하고 수줍은 자태
따스한 세상을 향한
곱게 피어난 귀함이어라

눈이 시리도록 푸른 하늘을 이고
새벽이슬 머금다 흘려보내니
꽃잎 위에서 구르는 물방울
욕심 없는 소중한 보배로구나

피어난 연꽃을 보며 나를 다독인다
혼탁한 마음 정화시키고
욕심을 버리는 성숙함으로
남은 삶 정갈하고 고고하게 나이 들어가자

영롱한 아침

도시를 벗어나 시골의 아침 산책
밤사이 내린 이슬비에 촉촉한 들판
나뭇잎에 내려앉은 안개
살랑살랑 짓궂게 흔드니
파르르 흩어지며 사라진다

넓은 이파리에 달린 이슬방울
투두둑! 키 작은 풀잎에 안기고
가느다란 풀잎에
나란히 걸린 물방울 가족
영롱한 아침을 비추며
누가 오래 버티나 내기하네

물방울 하나 톡!
또르르 손가락 타고 미끄러지며
가슴팍을 간지른다
아! 이 아름다운 세상
아껴가며 나눠 보고 싶다

가을빛 창가

은빛 억새처럼 노니는
창문에 찾아든 햇빛

혼이 빠진 듯
창밖을 저만치 건너보다
눈앞에 펼쳐진 풍경을
끌어와 내 곁에 앉힌다

바람에 흔들리는
건너편 나무도 노랗게 물이 들었고
낙엽을 데려가는 스산한 바람은
내 가슴에 숭숭 들어와
애처롭게 비워진 자리에
쓸쓸히 자리하네

가을만 되면 나는

가을만 되면 나는 외지로 나가
내 감성의 영토를 넓히고
들풀을 모아 행복을 위장해
일상의 화급한 문제가 있는 듯
사랑스러운 음모를 꾸미고 싶다

가을이 되면 나는
눈부시게 빛나는 햇살을 사랑하고
다음 해에 다가올 가을을 기다리며
감성을 채우며 가슴앓이할 것이다

가을만 되면 나는
형형색색 물든 자연 속에 빠져
시린 가을밤을 오래도록
떨어져 내린 낙엽을 가슴에 비벼대며
우두커니 서 있을 것이다

가을만 되면 나는
지나는 구름과 스치는 바람에
조금씩 물들어 가는 속살을 보이며
하늘빛 사랑을 노래할 것이다

가을은

가을은 마음 먼저
지배하려 다가옵니다
싱그런 푸른 숲을
채색하려 준비하고
분별에 어수룩한 마음을
털어내라 여유를 줍니다

가을은
이유 없이 오지 않네요
이미 짜여진 순서에
한 치의 오차 없이
조금씩 다가오는 계절

나는, 어디쯤 서 있어야 할지
벌써 조바심만 앞장서니
내 마음 이미 가을에 채색되었나?

가을빛 물든 마음

단청 빛 풍경 곱기도 하지
살가운 바람은 고맙기도 하지
코끝을 간질이는 풀꽃 향기
귀를 잡아당기는 풀벌레 소리
아, 자연이 만든 선물이구나

반짝이는 풀잎 끝 물방울처럼
내 마음 걸인 되어 벼랑에 기대고
넌지시 징검다리 놓아주는 고마운 구름
살아 있어 참으로 감사한 세상이네

달빛이 선명히 찾아드는 가을엔
조급한 마음은 죄지은 사람처럼
자꾸만 작아지니 소심한 생각에 웃음이 난다

쑥부쟁이 뽐낼 가을엔
키 작은 코스모스 덩달아 하늘거리면
나도 따라 술렁이는 마음 잠재울 수 있으려나

겨울 숲에서

산 능선에 눈발이 흩날리더니
어느 사이 마른 들풀을 하얗게 덮고

눈 덮인 언덕에 홀로 서 있는 노송은
짓눌린 눈덩이에 외롭게 버티며
해님을 기다린다

눈부신 겨울 흔적은
검은 숲에 드리운 하늘을 가리고
차가운 바람을 피할 수 없게
숲을 흔들어 깨우네

호주머니 깊숙이 박힌
얼어붙은 손에 잡힌
그리움 하나 꿈틀대며
한적한 숲에서 무엇을 찾았는고

조건 없이 너를

겨울이
제대로 추운 날이 연속이었다
날리는 눈처럼 네게 가고 싶은 생각
머뭇거림 없이 서성이지 않고
천년만년 설경이 되고 싶다

밤사이 내린 하얀 풍경
고요한 밤을 타고 내 몸을 휘감아
겸손한 달님 내 머리 위에 내리면
산란한 마음 다독다독
머리털에 정전기 나도록 생각에 사로잡혀
내 마음은 분주하지

추운 겨울은
바랄 것 없는 가난한 마음으로
널 기다리는 나무가 된다
내 어릴 적 그날처럼

오늘 저는

오늘 저는
하늘과 땅만 볼 것이며
아무런 생각하지 않을 것입니다

오늘 저는
오직 하나만의 생각으로
자만하지 않고 겸손한 생각
작은 목소리로 기도하렵니다

오늘 저는
바람 부는 곳에서
인내의 고통을 경험하며
배고프게 하루를 지낼 것입니다

오늘 저는
못난 마음으로 기도를 하고
지나온 과거를 돌이켜 보아
후회를 반복하지 않겠노라 다짐하여
저만의 기도로 온종일 보낼 것입니다

세 번째 시집 혜정 박연희

내 마음의 풍경

인쇄일: 2018년 8월 1일
발행일: 2018년 8월 7일

지은이: 박연희
펴낸이: 최경식
펴낸곳: 도서출판 청옥문학사
인쇄처: 세종문화사

등록번호 제10-11-05호
E-mail: sik620@hanmail.net
전화: 051-517-6068

값 10,000원

ISBN 978-89-97805-73-0 03810

이 도서의 국립중앙도서관 출판예정도서목록(cip)은 서지정보유통지원시스템 홈페이지(http://seoji.nl.go.kr)와 국가자료공동목록시스템(http://www.nl.go.kr/kolisnet)에서 이용하실 수 있습니다.(cip2018023885)

* 본도서는 2018년 한국문화예술위원회, 경남문화예술진흥원의 지원금을 받아 제작되었습니다.

* 이 책의 무단전재 및 복제행위는 저작권법에 의거, 처벌의 대상이 됩니다.

(100호, 화선지에 수묵담채) **강가의 추억**

강가에 안개 내리고 새벽 바람에 꽃피니 그 향기에 갇혀
백옥 닮은 매화는 건너 마을을덮어 다리목 만드니
너와나 평생토록 보아도 질리지 않겠네

(30호, 화선지 수묵담채)

구름 걷힌 하늘에서 밝고 영롱한 빛이 내리니
눈부신 감동과 설레는 분주함을 나의 여백에 들여 놓는 다짐을
바람에 실어 보내니 그리움도 꽃인양 하나 둘 피어납니다

(10호) **가을빛 단상**

어린 시절 내가 살던 집 뒤에 들에 피던 그리운 풍경

(10호, 화선지 수묵담채)

네가 보고 싶은 날이면
내 마음의 풍경을 들여다 본다